27
Ln. 20653.

D'UNE ERREUR HISTORIQUE

A PROPOS DE

SAINT VINCENT-DE-PAUL

ET

DE SON VOYAGE A MARSEILLE, EN 1622

PAR

CASIMIR BOUSQUET

Membre correspondant de plusieurs Académies et Sociétés littéraires de Paris
et de la Province.

PARIS

POULET-MALASSIS ET DE BROISE

MARSEILLE

Chez tous les Libraires

1861

AUX RÉDACTEURS

Du Journal *La Publicité*

Chers amis,

La reconnaissance me fait un devoir de vous dédier ce modeste travail, auquel vous avez daigné accorder une bienveillante hospitalité dans vos colonnes.

Seul, entre tous les organes de la presse locale, votre journal, — c'est une justice que chacun se plaît à lui rendre, — aborde avec une entière indépendance les questions historiques et littéraires susceptibles d'être discutées. Vous défendez avec un noble zèle et une louable persévérance la cause sacrée de la vérité dans l'art et dans l'histoire ; c'est ce qui a fait le succès de votre feuille ; c'est ce qui vous a attiré l'estime des hommes éclairés, la sympathie des esprits sérieux.

Bien que reléguée à un rang secondaire, *la Publicité* a su acquérir, grâce à vous, une place très-honorable dans la presse marseillaise ; elle a su demeurer surtout étrangère à l'esprit de coterie, aux mesquines jalousies, aux étroits calculs, aux scrupules puérils de ce qu'on appelle, par convention, les *grands* journaux, et ce n'est pas là son moindre titre à la considération dont elle jouit.

A vous donc, chers amis, ce témoignage de profonde gratitude et d'affectueux dévoûment.

Casimir Bousquet.

Marseille. Juin 1864.

D'UNE ERREUR HISTORIQUE

A PROPOS

DE SAINT VINCENT-DE-PAUL

ET DE SON VOYAGE A MARSEILLE, EN 1622

La *Revue de Marseille et de Provence* (livraison du 1er avril 1861), contient une analyse de l'ouvrage de M. l'abbé Maynard, chanoine honoraire de Poitiers, intitulé : *Saint Vincent-de-Paul, sa vie, son temps, ses œuvres, son influence.* (4 vol. in-8°) Cette appréciation, essentiellement élogieuse, porte la signature de M. l'abbé Bayle, un des aumôniers du Lycée de Marseille.

Je permets à l'écrivain de la *Revue*, son enthousiasme à l'égard de Vincent-de-Paul, un des plus grands saints qui honorent l'église ; un des plus nobles modèles à suivre pour ceux-là même qui, prêchant la charité, ne la pratiquent pas toujours. Je comprends que l'ouvrage de M. l'abbé Maynard excite la joie de M. l'abbé Bayle, puisqu'il s'agit d'un monument élevé à ce pieux apôtre des plus belles vertus chrétiennes. Mais une chose me peine : c'est de voir que dans son important travail, M. l'abbé Maynard ait attribué à Vincent-de-Paul, une action, digne de ce grand saint, il est vrai ; mais qui fut de tout temps contestée, et dont, par bonne raison, il n'existe aucune preuve.

Or, M. l'abbé Bayle, ne l'a pas plus rejetée que l'auteur de la récente histoire de Saint-Vincent. Au lieu d'accueillir avec réserve une anecdote qui offre tout le caractère d'un roman, il la reproduit complaisamment ; il semble y ajouter une foi entière, et, à en juger par l'assurance avec laquelle il en parle, on serait tenté de croire qu'il s'en porterait garant, au besoin.

M. l'abbé Bayle, on peut le dire, n'a pas la main heureuse lorsqu'il touche à l'histoire : déjà, dans un travail sur *Mascaron*, inséré dans cette même *Revue de Marseille* (v. la livraison de juin 1857, page 290), cet ecclésiastique ayant avancé que le *père de Mascaron s'était fait une réputation d'orateur, comme avocat au Parlement d'Aix en Provence*, un de mes honorables confrères, M. Paul Raymond, releva dans la *Publicité* (numéro du 18 juin 1857), cette grossière erreur, et apprit à M. l'abbé Bayle que le père de l'évêque Mascaron *n'avait jamais exercé à Aix la profession d'avocat*.

Je viens, à mon tour, présenter quelques observations sur un passage de l'article inséré dans la *Revue de Marseille*, ainsi que sur l'anecdote rapportée par M. l'abbé Maynard.

Voici, d'abord, les paroles de M. l'abbé Bayle :

« En 1622, dit-il, Saint-Vincent-de-Paul vint à Marseille, où les forçats étaient plus nombreux et avaient besoin de son dévoûment. Il ne voulut pas se faire connaître en arrivant, soit pour échapper aux honneurs attachés à sa charge (1), soit pour étudier plus librement l'état moral et physique des galériens. Cet incognito lui permit de révéler sa compassion pour le malheur par un des plus beaux traits que l'histoire de la charité puisse raconter. »

Ici, l'auteur de l'article s'interrompant, cède la parole à M. le chanoine de Poitiers, lequel raconte que Vincent-de-Paul, touché à la fois des larmes d'une vieille femme dont le fils gémissait dans les fers, et de la douleur du jeune forçat, fait tomber les chaînes de celui-ci, s'en charge lui-même et le rend immédiatement à la liberté !

Cette anecdote, dont la forme dramatique ne rachète point l'invraisemblance, a trouvé de nombreux contradicteurs, et pas un seul des écrivains qui l'ont répétée n'a été à même d'en fournir la preuve. M. l'abbé Maynard, tout en reproduisant l'épisode et en citant plusieurs auteurs, sent tellement la faiblesse de leur autorité, qu'il éprouve un certain scrupule à se faire leur écho, et il ajoute prudemment : « Sans doute, parmi ces témoignages, *il n'en est point d'oculaires...* »

Quant à M. l'abbé Bayle, il n'imite pas la réserve de M. l'abbé Maynard, et semble ajouter une foi entière à la captivité volontaire du saint Confesseur. *Errare humanum est.*

Sans professer moins d'admiration pour Vincent-de-Paul, j'avoue ne point accepter un fait qui non seulement ne repose sur aucune certitude, mais dont l'impossibilité me paraît avérée.

(1) Le roi l'avait nommé, trois ans auparavant, Aumônier général des galères de France.

Qu'importe, au surplus, un trait de charité de plus ou de moins dans la vie si édifiante du célèbre missionnaire ? Ses titres à la vénération et au culte des âmes chrétiennes sont assez nombreux, sans que l'on ajoute à sa gloire une action contestée. Le doute seul, en pareille matière, devrait faire renoncer à leur imprudente persistance les historiens trop zélés, les apologistes trop enthousiastes de saint Vincent. C'est compromettre la meilleure des causes que l'exposer à la discussion.

I

Abelli, évêque de Rhodez, auquel on doit une vie de saint Vincent-de-Paul, est le premier qui ait raconté le trait relatif au forçat. Mais, avant de parler de cet ouvrage, occupons-nous d'abord de l'auteur ; d'autant que M. l'abbé Bayle nous en fournit lui-même l'occasion.

Le collaborateur de la *Revue* a cru devoir rappeler ce vers de Boileau :

« Que chacun prenne en main le moëlleux Abély. » (1)

vers après lequel, — selon l'abbé Bayle, — Boileau aurait ajouté cette note : « *Fameux* auteur qui a fait la *Mouelle théologique*, Medulla theologica. »

Ainsi, en prenant au pied de la lettre la remarque de M. l'abbé Bayle, on serait porté à croire que notre grand poète satirique a voulu décerner à

(1) *Le Lutrin.* Chant IV°.

Abelli un éloge qui, sous une telle plume aurait eu sans doute un grand prix ; mais il en est autrement.

J'ignore à quelle édition de Boileau M. l'abbé Bayle a emprunté la note qu'il cite. Quant à moi, j'ouvre *les OEuvres de Boileau Despréaux avec les commentaires revus, corrigés et augmentés par* M. Viollet le Duc, (un vol. de 443 pag. in-8°, Paris, chez Th. Desoer, libraire, 1823.) et j'y lis, (page 223), outre les mots reproduits par M. l'abbé Bayle, une note de Brossette, ainsi conçue :

« Comme on parlait un jour de cet ouvrage, (*Medulla theologica*) l'abbé Le Camus, ensuite évêque de Grenoble et cardinal, dit : *la Lune était en décours quand il fit cela.* Avant la composition du *Lutrin*, le livre de M. Abelli était en réputation parmi les théologiens, et il n'y avait point d'ouvrage de cette espèce qui eût plus de cours que celui-là. Mais, dès que le *Lutrin* parut, ce poème fit tomber la *Moelle théologique*, et, depuis longtemps, on ne la lit plus. »

Cette note, on le voit, valait la peine d'être reproduite. Boileau n'a donc pu donner à Abelli, l'épithète de *fameux*, dans le sens laudatif que l'abbé Bayle a cru y découvrir. Le *moelleux* Abelli est une qualification railleuse de la part de Boileau, une espèce de jeu de mot sur l'ouvrage du prélat qui, d'ailleurs, *s'en plaignit hautement, et cita le poète au Tribunal de Dieu* (1).

La preuve que l'auteur du *Lutrin* n'avait pas un grand fond de sympathie pour Abelli, c'est que,

---

(1) Voyez la *Biographie Universelle de Michaud*, nouvelle édition. Paris. Desplaces. 1854.

dans sa XII° épitre, dédiée à l'abbé Renaudot, il reproche à l'évêque de Rhodez, ses sentiments sur l'amour de Dieu :

> Apprenez que la gloire où le ciel nous appelle
> Un jour des vrais enfants doit couronner le zèle,
> Et non les froids remords d'un esclave craintif,
> Où crut voir Abelli quelque amour négatif....

Et, afin de ne dissimuler en aucune façon le peu de cas qu'il fesait d'Abelli, Boileau a soin de le désigner en note par ces mots significatifs : « Misérable défenseur de la fausse attrition. » (Edition de 1701.).

Brossette ajoute à son tour :

« L'attrition, — dit Abelli, — qui n'a pour motif qu'une crainte servile, est bonne et honnête. Il prétend qu'*elle naît de l'amour-propre bien réglé* : Oritur quidem ex amore sui, sed bene ordinato. *Et, quoiqu'elle n'enferme pas en soi un parfait amour de Dieu, néanmoins, elle ne l'exclut pas, et ne lui est pas contraire.* (Medulla theologica de Sacram. pénit. c. 5., sect. 10, n. 5.) M. l'abbé Boileau, docteur de Sorbonne, frère de l'auteur du *Lutrin*, a réfuté Abelli dans un ouvrage intitulé : *De la contrition nécessaire pour obtenir la rémission des péchés dans le sacrement de pénitence.*

M. l'abbé Bayle, en rappelant aux lecteurs de la *Revue* ce qu'était Abelli, dit : « Nommé évêque de Rhodez, en 1664, Louis Abelli se démit de son évêché trois ans après, et se retira dans la maison de Saint-Lazare, où il mourut en 1697. »

Je suis fâché d'avoir encore à contredire, ici, M. l'aumônier du Lycée ; mais, Abelli mourut *en 1691* (le 4 octobre).

II

Après avoir démontré la médiocrité de l'un des principaux ouvrages d'Abelli, il me reste à faire apprécier à sa juste valeur sa *Vie de Saint-Vincent-de-Paul* (1), dont la Bibliothèque de Marseille possède un exemplaire en assez mauvais état, comme le sont la plupart des livres de cet établissement.

Certains écrivains ont le triste privilége de soulever des tempêtes autour de leurs œuvres. Abelli, malgré sa qualité de prélat, se laissa entraîner à la passion et à la haine. Ce livre, qui semblait devoir être exclusivement consacré à rappeler les pieuses actions de Vincent-de-Paul est un libelle dirigé particulièrement contre l'abbé de Saint-Cyran, disciple et collaborateur de Jansénius. Des deux alliés, Jansénius était surtout le théoricien; Saint-Cyran, l'homme d'action, le moraliste pratique.

Je n'ai pas à raconter ici la longue et violente querelle religieuse à laquelle donnèrent lieu, au XVIIe siècle, les doctrines de l'évêque d'Ypres; c'est là un fait d'ailleurs connu; je tiens seulement

(1) *La Vie dv vénérable servitevr de Dievv Vincent-de-Pavl institvtevr et premier supérievr-général de la Congrégation de la Mission.* Diuisée en trois liures, par Messire Lovis ABELLI, Euesque de Rodez. A Paris, chez Florentin Lambert, rve Saint-Iacques, devant Saint-Yves, à l'image Saint-Pavl. M.DC.LXIV. Cette édition, quoique la première, est préférable à celles qui l'ont suivie, et dans lesquelles on a retranché plusieurs passages.

à constater qu'Abelli y prit une part plus ou moins directe, mais très active.

Le fougueux ennemi de Port-Royal ayant eu le tort d'introduire dans la *Vie de Vincent-de-Paul*, des éléments de discussion, donna lieu à la publication d'un ouvrage intitulé : *La Défense de Fev Monsievr Vincent-de-Pavl, institvtevr et premier Svpérievr Général de la Congrégation de la Mission, contre les favx Discovrs du Livre de sa Vie, pvbliée par M. Abelli, ancien Évesque de Rodez, et contre les Impostures de quelqves avtres Écrits svr ce svjet.*

Voici ce que dit l'auteur de ce livre, imprimé en 1668 :

« Il y a trois ou quatre ans qu'on a mis en public, sous le nom de M. Abelly, Evesque de Rodez, un Livre qui porte pour titre : *La Vie du Vénérable servitevr de Dieu, Vincent-de-Paul, Institvtevr*, etc. Ce livre ne représente rien moins que la vertu et le mérite de celuy dont il parle. Et on ne s'en étonnera pas, si on considère ce qu'il est aisé de remarquer en le lisant, et ce qui sera montré clairement dans la suite de ce discours ; qu'il n'a pas esté entrepris pour mettre au jour les bonnes qualitez de Monsieur Vincent, et les rendre capables, en les publiant, de servir à l'édification publique. Mais, qu'il a esté composé pour faire revivre les vieilles impostures qui ont esté répanduës autrefois contre un de ses meilleurs et plus fidelles amis. Ce n'est pas un ouvrage de charité, ny du zèle qu'on doit avoir pour l'utilité commune de l'Eglise ; mais un nouvel effet d'une passion invétérée, qui a éclatté, il y a longtemps, contre feu M. l'abbé de Saint-Cyran, dont la mémoire est outragée en divers endroits de ce Livre, sous prétexte de donner des loüanges à une personne qui luy ayant esté particulièrement unie, est visiblement exposée aux injures et aux playes dont on charge cruellement son amy. »

Et ailleurs, l'auteur porte encore ce jugement, bon à recueillir :

« Le génie et le style des Jésuites se manifeste presque en tous les endroits de ce gros volume de la vie de M. Vincent. Il est rempli de leurs maximes, de leurs inventions, et de ce soin inquiet qu'ils ont de faire tout servir à l'établissememt de leurs prétentions. On leur y donne des loüanges si extraordinaires, et si hors de propos, qu'il paroist clairement que la gloire de leur Compagnie a esté le véritable sujet de ce livre, et non pas la vie de M. Vincent ; et que comme M Abelly n'a fait que suivre leur doctrine dans sa *Moüelle Theologique*, qui n'est qu'un abrégé de leur théologie relâchée, il ne fait que suivre leurs passions et leurs mouvemens dans ce livre qu'il veut paroître avoir composé pour M. Vincent. »

Enfin, dans sa *Préface*, l'auteur de *la Défense* dit que le livre d'Abelli, est *l'instrument et le jouet de l'animosité des Jésuites et de leurs partisans;* de ces jésuites, à propos desquels il ajoute :

« Chacun sait que l'on ne pourroit pas manquer de matières ny de mémoires, si on avoit à parler de leurs excez et de leurs desordres, et qu'ils ne fournissent tous les jours que trop de sujets à ceux qui voudront s'employer à représenter leurs actions, leur doctrine et leur conduite. »

Ces divers extraits prouvent le peu de confiance que mérite l'auteur de la *Vie de Saint-Vin-*

cent. C'est pourtant à une pareille source qu'ont puisé les auteurs qui se sont occupés de l'illustre bienfaiteur de l'humanité !

Fidèle à l'esprit de controverse qui le possédait, Abelli répondit à la réfutation qu'on lui opposa par un autre libelle, dans lequel il essaya vainement de se justifier des griefs qui lui avaient été imputés. Le *fameux* auteur de la *Mouelle Théologique*, chez qui l'acrimonie remplaçait trop souvent la logique, s'attira de la part de son contradicteur une *Réplique* pleine de force, et qui réduisit à néant la prétendue justification du *moëlleux* Abelli.

L'auteur de cette véhémente réplique signale surtout l'*insigne mauvaise foi* apportée par l'évêque de Rhodez dans la discussion, et dit : (page 6).

« Les loix mesmes civiles, déclarent faux-accusateurs, et chastient comme tels ceux qui ne vérifient point par des moyens clairs et convainquants les crimes dont ils chargent les autres, et qui ne renversent pas solidement les responses qu'on leur fait, et beaucoup plus ceux que le seul désaveu des accusez est capable d'arrester et de reduire au silence. Combien plus donc M. Abelly serait-il asseuré de recevoir une semblable condamnation, après avoir témoigné tant de foiblesse visible à prouver ce qu'il a publié, et à satisfaire à ce qu'on luy a respondu. »

Tout le volume étant écrit sur ce ton, je ne prolongerai point les citations. Le lecteur connaît maintenant Abelli et son ouvrage intitulé : *Vie de Saint-Vincent de Paul.*

Je n'ai plus qu'à faire ressortir l'invraisemblance de la captivité du vénérable aumônier des Galères. Il ne me sera pas difficile d'établir que c'est là une fable inventée par un écrivain qui, suivant l'énergique expression de l'auteur de la *Défense* dont j'ai parlé, a *déshonoré la mémoire de Vincent-de-Paul.*

III

Voyons d'abord, comment Abelli raconte l'anecdote si servilement répétée depuis par quelques auteurs, et, en dernier lieu, par M. l'abbé Maynard, à quelques détails près.

« Voici un autre exemple, — dit-il, — de la charité du Saint. Il est venu aux oreilles de diverses personnes, non seulement de sa Congrégation, mais encore du dehors; et le Supérieur des prêtres de la mission établis à Marseille, a témoigné avoir appris de plusieurs autres en cette ville-là, en la manière suivante.

« M. Vincent, long-temps auant l'institution de sa Congrégation, fit vne action de charité toute pareille à celle qui est rapportée de saint Paulin, lequel se vendit luy-mesme pour racheter de l'esclauage le fils d'vne paunre veuue; car ayant vn jour trouué sur les Galères un Forçat, qui auait esté contraint par ce mal-heur d'abandonner sa femme et ses enfans, dans vne grande paunreté; il fut tellement touché de compassion du miserable état où ils estoient reduits, qu'il se resolut de chercher et d'employer tous les moyens qu'il pourroit pour les consoler et soulager: et comme il n'en voyoit aucun, il fut interieurement poussé par un mouuement extraordinaire de charité, de se mettre luy-mesme à la place de ce pauure homme, pour luy donner moyen, en le tirant de cette captiuité d'aller assister sa famille affligée ; il fit donc ensorte par les adresses que sa charité luy suggera, de faire agréer cet échange à ceux de qui cette affaire dépendoit et s'estant mis volontairement dans cet estat de captiuité, il y fut attaché de la mesme chaisne de ce pauure homme, duquel il auoit procuré la liberté : mais au bout de quelque temps, la vertu singulière de ce charitable libérateur ayant esté reconnuë dans cette rude épreuue, il en fut retiré. »

On remarque, en lisant ces lignes, la forme vague et indécise que l'évêque de Rhodez emploie au début de son récit. *Il est venu aux oreilles de diverses personnes....; on a appris de plusieurs autres...* Telle est l'origine obscure de ce trait de dévouement, sublime s'il était vrai, que Vincent-de-Paul aurait accompli dans notre ville. Au lieu de produire un de ces témoignages devant lesquels tombe toute incertitude ; au lieu de fournir une de ces preuves dont l'authenticité dissipe jusqu'au moindre doute ; l'historien se garde bien de citer un seul nom parmi les *diverses personnes* qui sont sensées avoir connu l'action héroïque du *serviteur de Dieu,* et qu'il est le premier à enregistrer.

Une pareille légèreté paraîtra d'autant plus surprenante qu'Abelli fut le contemporain, l'ami, le collaborateur de Vincent (1) ; il écrivit son ou-

(1) Né en juin 1604, Louis Abelli eut pour père Pierre Abelli, Trésorier et Receveur-Général de la Généralité de Limoges. Il fit ses études à Paris. Y prit-il le bonnet de docteur ? C'est un problème sur lequel les opinions sont partagées. Ce qui est sûr, c'est qu'il s'attacha à Vincent-de-Paul dès que celui-ci se fut retiré au Collège des Bons-Enfans ; qu'il se fit un plaisir de prendre part à ses travaux apostoliques, etc. — Collet. *Vie de Saint-Vincent.* Préface.

vrage du vivant de notre saint ; mieux que tout autre, il pouvait s'assurer du fait, l'établir et l'affirmer d'une manière péremptoire ; pourtant, il ne trouve rien de mieux que cette phrase banale: *Il est venu aux oreilles de diverses personnes....*

Avant de pousser plus loin les observations auxquelles donne matière le récit d'Abelli, je crois utile, pour la complète édification du lecteur, de reproduire également la version du Lazariste Collet (1). Ce rapprochement fera ressortir quelques différences propres à éclairer la question.

Voici comment s'exprime Collet : (2)

« Il paroît par ce que nous allons dire que Vincent ne voulut pas se faire connoître en arrivant à Marseille. Par là, non seulement il évitoit les honneurs attachés à la dignité d'aumônier-général, mais il prenoit encore le moyen le plus sûr de se mettre parfaitement au fait de l'état des choses. Ainsi, il avoit ses raisons pour garder l'*incognito*, et peut-être que la Providence avoit les siennes. En effet, des personnes dignes de foi ont déposé, que le saint-prêtre allant de côté et d'autre sur les galères, pour voir comment tout y alloit, apperçut un forçat, qui touché plus que les autres, du malheur de sa condition la souffroit aussi avec plus d'impatience, et qui surtout étoit inconsolable de ce que son absence réduisoit sa femme et ses enfans à la dernière misère. Vincent fut effrayé du danger, auquel étoit exposé un homme, qui suc-

---

(1) *Vie de Saint-Vincent-de-Paul*, Nancy, 1748. Chez Leseure, imprimeur ordinaire du Roy, proche la Paroisse St.-Sébastien. Deux volumes in-4°.

(2) T. 1er, page 101.

combait sous le poids de sa disgrace, et qui étoit peut-être plus malheureux que coupable. Il examina pendant quelques momens, comment il pourroit s'y prendre pour adoucir l'amertume de son sort. Son imagination, toute féconde qu'elle étoit en expédiens, ne lui en fournit aucun qui le contentât. Alors, saisi et comme emporté par un mouvement de la plus ardente charité, il conjura l'officier, qui veilloit sur ce canton, de trouver bon qu'il prît la place de ce forçat. Dieu permit que l'échange fut acceptée, et Vincent fut chargé de la même chaîne que portoit celui dont il procuroit la liberté. » (1)

Il suffit de comparer ces deux récits pour être frappé de l'invraisemblance du fait lui-même. En effet, d'après Collet, Vincent-de-Paul aurait gardé à Marseille le plus strict *incognito*, ce qui lui aurait permis d'accomplir l'acte si charitable qu'on lui attribue. Or, Abelli, le premier biographe de notre saint, ne parle nullement de cet *incognito*. Contre son habitude, il explique très catégoriquement cette fois, que *son nouvel office,* (aumônier royal des galères) *obligea M. Vincent à faire un voyage à Marseille, en l'année 1622 pour y visiter les galères et connaître par lui-même les nécessités et indigences des pauvres forçats, pour y pourvoir et pour les soulager autant qu'il lui serait possible.* (2)

Dès son arrivée à Marseille, le vénérable prêtre, toujours d'après Abelli, *touché de l'état des galériens, se met en devoir de les consoler, de les*

(1) T. I, page 102 et 103.
(2) Abelli. T. I, page 58.

encourager à la résignation et prie les Comites (1) *ainsi que les officiers de les traiter avec plus d'humanité.* Ceci est encore plus explicite, ce me semble. Le pieux aumônier, pénétré de l'importance de son ministère, l'exerce ostensiblement et sans aucun retard ; car, sa charité, son zèle, l'activité de son esprit et de son caractère ne se seraient point accommodés du moindre ajournement.

D'ailleurs, une simple réflexion démontre l'impossibilité où se trouvait Vincent, de dissimuler son titre et son mandat, alors même qu'il en aurait eu l'intention ; c'est que le saint confesseur était venu une première fois, en 1605, à Marseille, où on le connaissait, et où il avait indubitablement conservé des relations avec d'éminents personnages !

Une lettre écrite d'Avignon, en date du 24 juillet 1607, et adressée à M. de Commet jeune, frère du célèbre avocat, nous apprend quelles circonstances amenèrent Vincent dans notre ville, en 1605. Il s'agissait, pour lui, de retirer le montant d'une succession qu'une dame de Toulouse lui avait laissée, et dont un mauvais garnement s'était emparé. Informé de sa fuite et du lieu de sa retraite, Vincent fit le voyage de Marseille, où il rencontra le débiteur qui lui compta trois cents écus. (2)

---

(1) Le Come ou Comite, qui était le chef de la Chiourme, se tenait toujours debout à la poupe de la galère, près du capitaine pour recevoir ses ordres.

Les Comites étaient principalement chargés de la manœuvre de la galère : leurs fonctions avaient beaucoup d'analogie avec celles des maîtres d'équipage de notre marine moderne.

V. *Étude sur la Marine des Galères*, par M. Auguste Laforêt. (Marseille. 1861.) pages 54 et 113.

(2) Abelli. T. I, page 14.

C'est après avoir réglé cette affaire que, s'étant embarqué pour Narbonne, le bâtiment sur lequel il se trouvait fut capturé dans le golfe du Lion, par des pirates qui le conduisirent à Tunis.

Tous ces détails sont consignés dans la lettre de Vincent à l'avocat de Commet ; et cette lettre, reproduite par M. l'abbé Maynard dans son récent ouvrage, M. l'abbé Bayle lui-même, — faut-il le lui rappeler ? — l'a citée en partie dans l'article de la *Revue* dont je m'occupe.

Ainsi donc, on le voit, l'incognito à l'aide duquel le lazariste Collet avait cru pouvoir faire accepter son récit, était impossible à garder de la part de Vincent. Les premiers mots de cet auteur expriment, à cet égard, plutôt une vaine conjecture qu'une idée précise et arrêtée : IL PARAIT *par ce que nous allons dire, que Vincent ne voulut pas se faire connaître en arrivant à Marseille*, etc. Singulier argument, qui a été pour beaucoup dans la facilité avec laquelle cette fable relative au forçat s'est propagée !

Je ne saurais trop insister sur l'étrange logique de Collet, et l'on m'obligerait beaucoup en me disant à quelle dialectique appartient son raisonnement que l'on peut analyser ainsi : « Rien ne prouve ce qui va être avancé par moi, je suis loin d'en avoir la conviction, mais il paraît, *par ce que je vais dire*, que la chose est exacte. »

Autant vaut déclarer que l'on invoque soi-même sa propre autorité ; cela dispense de faire appel à aucune autre. Le moyen peut être commode, mais à coup sûr, il n'est guère persuasif.

Ici, une question se présente naturellement à l'esprit : Collet était-il de bonne foi en émettant son opinion personnelle au sujet du mystère dont se serait entouré Vincent-de-Paul ? J'en doute; car, en parlant de l'incognito que, suivant lui, notre saint aurait gardé dans le second voyage à Marseille, cet historien a tracé en marge de son livre les mots : *Abelly, l. 3, p.* 114, de manière à faire croire qu'il avait pour lui, à cet égard, le témoignage de l'évêque de Rodez. Or, je le répète, Abelli, que j'ai cité, ne parle nullement dans le sens de Collet.

Non, Vincent de Paul ne garda point, ne pouvait pas garder l'incognito lors de son deuxième voyage à Marseille, car il venait dans notre ville, — je le dis encore, — revêtu d'un titre officiel, chargé d'un mandat déterminé. Au lieu de cacher son nom et son titre, de dissimuler la mission qui lui était confiée, le *serviteur de Dieu*, incapable d'ailleurs de tromper et de feindre, se montra partout en public. Voici, à cet égard, une nouvelle preuve.

« Ce fut pendant son séjour à Marseille, — dit M. Joseph Mathieu, (1) — que Saint-Vincent-de-Paul, qui avait passé deux années en esclavage chez les barbaresques, résolut de se faire recevoir membre de la confrérie de la Trinité (2); il com-

(1) Voir dans *la Gazette du Midi*, numéro du 28 juillet 1855, un article intitulé : *Chronique religieuse*.

(2) La confrérie des Pénitents de la Trinité et de Notre-Dame-d'Aide, pour la rédemption des captifs, fut établie à Marseille en l'an 1306 par les P.P. Trinitaires que saint Jean-de-Matha, fondateur de cet ordre, avait amenés dans cette ville en 1202. On sait que la noble mission de ces religieux était de racheter les nombreuses victimes de la piraterie musulmane. Ne pouvant suffire par eux-mêmes à la délivrance de tant de malheureux chrétiens qui gémissaient

prenait toute l'étendue des bienfaits de l'œuvre de la Rédemption, depuis surtout qu'il avait pu voir quel était le sort qui attendait les chrétiens enlevés par les corsaires. Le jour de son admission dans cette confrérie fut un grand jour de fête. Vincent-de-Paul célébra lui-même la sainte messe, et prononça un discours sur les horreurs de la captivité chez les musulmans, discours qui remua profondément l'auditoire; c'est en mémoire de cette solennité, que la confrérie des pénitents de la Trinité célèbre avec une si grande pompe, le 22 juillet, la fête de Saint-Vincent-de-Paul. »

Quant aux *personnes dignes de foi*, dont il invoque la déposition, le lazariste Collet ne les nomme pas plus qu'Abelli. Ce sont là des témoins qui, malheureusement pour ces historiens, semblent avoir pris à tâche de garder l'anonyme.

Tous les auteurs, jusques à M. l'abbé Maynard, qui se sont occupés de Vincent-de-Paul, et qui ont accueilli de confiance l'anecdote éditée par Abelli, se sont plu à adopter l'ingénieux système d'incognito inventé par Collet. On comprend, en effet, combien un semblable point de départ peut justifier le trait attribué au saint personnage; mais les détails dans lesquels je viens d'entrer, m'autorisent à dire que cette supposition ne saurait être admise, et que, désormais, une pareille erreur n'est plus possible.

Abelli a prévu que sa narration rencontrerait immanquablement des incrédules, aussi en

---

sous le joug des infidèles, ils s'adjoignirent des laïques qu'ils formèrent en confrérie. Celle de Marseille étant la première, elle en établit ensuite quelques autres dans la banlieue et même sur plusieurs points de la Provence.

fait-il d'avance bon marché, dans le paragraphe qui suit l'anecdote. Ce paragraphe est trop curieux pour que je ne le transcrive pas en entier :

« Quoy que cette action de charité — ajoute-il — soit fort admirable, nous pouuons dire néanmoins par des témoignages *encore plus assurez*, que M. Vincent a fait quelque chose plus auantageuse à la gloire de Dieu, employant son temps, ses soins, ses biens et sa vie, comme il a fait, pour le seruice de tous les Forçats, *que d'auoir engagé sa liberté pour vn seul*: car connoissant par sa propre expérience leurs miseres et leurs besoins, il leur a procuré des secours corporels et spirituels, en santé et en maladie, pour le present et pour l'auenir, plus grands et plus étendus incomparablement qu'il n'auroit pu faire s'il estoit toûjours demeuré attaché avec eux. » (p. 115).

Il n'est pas difficile de deviner ce que l'évêque de Rhodez entend par *des témoignages encore plus assurés*. Il reconnaît implicitement que ceux sur lesquels reposait le trait de charité dont il s'était fait l'historien, présentaient trop peu de garantie. De plus, il donne à entendre combien il paraît singulier que Saint-Vincent n'ait délivré *qu'un seul forçat*. En effet, pourquoi celui-là plutôt qu'un autre? Quelles circonstances particulières le signalaient de préférence à son attention? Ce malheureux dit Abelli, *avait laissé dans la misère sa femme et ses enfants*. Et un pareil motif suffit à l'aumônier général des galères, pour prendre la place du condamné? Et cette substitution s'accomplit instantanément? Et *ceux de qui l'affaire dépendait, agréent l'échange*; s'y prêtent de bonne grâce, et consentent à tenir dans les fers un innocent qui se dévoue pour un coupable?

Telles sont les questions que soulève cette anecdote et auxquelles tout homme de sens ne manquera pas de répondre : impossible.

Mais, Collet, toujours renchérissant sur la version d'Abelli; Collet à qui nous devons déjà l'ingénieuse idée de l'incognito gardé par Vincent de Paul dans son deuxième voyage à Marseille; Collet que M. l'abbé Maynard appelle *le plus instruit et le plus exact des historiens* de Saint-Vincent, va, d'un mot, nous faire comprendre la véritable condition du forçat délivré par le pieux aumônier des galères. Cet homme condamné ainsi à un rigoureux châtiment, et *succombant sous le poids de sa disgrâce*, était PEUT-ÊTRE PLUS MALHEUREUX QUE COUPABLE !

Bien qu'il fût très-habile à donner à ses écrits l'apparence d'une conviction profonde, au mensonge, les couleurs de la vérité ; Abelli, il faut le reconnaître, est ici dépassé par Collet. Le disciple et l'ami des jésuites n'avait pas trouvé l'insinuation que devait lancer plus tard un lazariste !

Plus malheureux que coupable, entendez-vous? La justice s'était *peut-être* trompée à l'égard de ce galérien; elle avait *peut-être* frappé un innocent ! Dès-lors, selon l'historien *le plus instruit* et le *plus exact* de Saint-Vincent de Paul, l'action de celui-ci s'explique facilement. *Saisi, emporté par un mouvement de la plus ardente charité, il conjure l'officier qui veillait sur ce canton de trouver bon qu'il prît la place du forçat.* Et cet officier, dont Abelli n'avait pas dit un mot, mais qui est tout-à-coup mis en scène par Collet, se prête le mieux du monde à la substitution, et grâce à cette prétendue complicité d'un fonctionnaire au service du roi, l'aumônier général des galères demeure *quelque temps*, selon Abelli, *trois semaines*, d'après Collet, dans une dure captivité. C'est assez clair.

Mais Abelli et Collet qui racontent ainsi, chacun à sa façon, un trait improuvé, et qu'ils s'efforcent, — le dernier surtout, — de présenter comme réel, à l'aide de maints subterfuges, oublient-ils donc que l'on peut trouver dans leur ouvrage même de quoi les contredire et les confondre ?

J'ai déjà démontré le peu de créance que mérite le *moëlleux* Abelli, ce prélat si cher à M. l'abbé Maynard et à M. l'abbé Bayle. Quant au lazariste Collet, il suffit pour en avoir raison, de citer ses propres paroles; c'est ce que j'ai fait, c'est ce que je continuerai de faire.

A propos du laps de temps que Vincent de Paul passa à bord de la galère où il s'était volontairement mis dans les fers ; comment peut-il avancer que le saint y demeura *trois semaines*, puisqu'à cette époque de troubles, — Collet le dit lui-même, — *les galères n'avaient point de séjour fixe* (1). Aussi, ajoute-t-il, *Vincent reprit-il* BIENTOT *la route de Paris*.

D'après tout ce qui précède, Vincent de Paul n'avait pas besoin de prendre, dans les fers, la place du forçat. Si le sort de cet homme était vraiment digne d'intérêt ; si le désespoir et le repentir étaient plus grands chez lui que chez ses compagnons de captivité, et surtout, si sa condamnation était le résultat d'une erreur judiciaire ; le vénérable aumônier pouvait facilement, par sa position,

(1) Ut suprà, t. 1er, p. 104.

par son crédit à la cour, par son influence, améliorer sa situation et, au besoin, le faire rendre à la liberté. C'est ainsi qu'il obtint une fois la grâce d'un condamné à mort. Collet nous l'apprend encore.

« Plus tard, — dit-il, — il usa de son crédit pour obtenir la grâce d'un soldat appartenant au régiment des gardes-suisses, condamné à mort pour avoir déserté. » Ce soldat avait d'abord fait partie des missionnaires et était chéri de Vincent. Malgré les instances et les prières du saint, il avait persisté dans le dessein de quitter l'état ecclésiastique pour revêtir l'uniforme. Il fut heureux, après son jugement, de l'appui que lui prêta son ancien et vénérable supérieur (1).

Après avoir raconté cette action généreuse, comme pour donner la mesure du dévoûement de son héros, Collet ajoute : « Ce qu'il fit pour ce jeune homme, il l'eût fait volontiers pour tout autre en pareil cas. »

Vincent de Paul, — j'avais donc raison de le dire, — pouvait fort bien éviter de se charger des fers d'un galérien, et de mettre dans sa confidence un compagnon de chaîne ainsi qu'un des employés dont il pouvait redouter l'indiscrétion. Une simple démarche, un seul mot de lui, suffisait, je le répète, pour tirer d'embarras le malheureux qui excitait sa pitié.

Tout cela, il faut en convenir, est singulièrement exagéré. Je dis plus : pour qui connaît l'organisation du service des galères en ce temps-là, mille difficultés matérielles devaient nécessaire-

---

(1) Collet, t. II, p. 482.

ment s'opposer à ce que les choses se passassent de la sorte.

Rappelons-nous, d'abord, que nous sommes sous le règne de Louis XIV, et que l'administration de Colbert et du marquis de Seignelay son fils, va faire, tout-à-coup, de la marine française, la plus belle et la plus puissante de l'Europe. « Pour les galères notamment, — dit M. Auguste Laforêt dans son excellent ouvrage, (1) — ce sera leur grande époque, et Marseille en verra jusqu'à quarante-deux dans son port. Elles prendront une part glorieuse à l'expédition de Candie, aux descentes faites en Sicile, en Italie, en Angleterre, à l'incendie des flottes d'Espagne et de Hollande devant Palerme, au bombardement d'Alger, de Gênes et de Barcelone. » Or, pour armer ces galères, il fallait de nombreux rameurs : « Il y a assez de capitaines en France, » écrivait notre intendant Arnoul; « nous avons des têtes, ce sont les bras qui nous manquent. » Il fallait aussi de nouveaux rameurs pour remplacer les premiers, — ajoute M. Laforêt, — car au métier qu'elle faisait la chiourme s'usait vite. Colbert et Seignelay ne l'ignoraient pas et agissaient en conséquence. Le 11 septembre 1617, Seignelay écrivait à De Harlay, Procureur-général au Parlement de Paris : « Le soin que le
« Roy a pris jusques à présent, de l'augmentation du
« corps de ses galères, produit un si grand effet
« pour le service de sa majesté, qu'elle m'ordonne

---

(1) *Etude sur la marine des galères*, par M. Auguste Laforêt, juge au tribunal de première instance de Marseille, membre de l'Académie de cette ville, Chevalier de la Légion d'honneur. Un vol. de 190 pages in-8°, avec plans et dessins. Marseille 1861, (p. 70).

« de vous exciter de vous appliquer avec soin à
« faire exécuter les ordres que le Parlement de
« Paris a reçus les années précédentes, de con-
« damner à la peine des galères tous les criminels
« qui seront jugés pour crimes pour lesquels ils
« pourraient mériter des peines rigoureuses (1). »

Les ordres donnés les années précédentes et que Seignelay rappelle, avaient été très généreux, Colbert les avait transmis à tous les intendants de province, à toutes les cours du royaume.

Dans l'ouvrage déjà cité, M. Laforêt signale, (page 71) quelques-unes des réponses faites au ministre, lesquelles attestent le zèle que l'on mettait à envoyer aux galères le plus de condamnés possible, *vu la nécessité que le Roy témoignait d'avoir des forçats* (2).

Pour obéir à cette *nécessité*, les galères se peuplaient non seulement de criminels que réclamait le gibet, et dont la peine se trouvait ainsi commuée; mais encore de gens frappés de condamnations pour délits et même pour simples contraventions. « Qui le croirait? les faits que notre législation
« actuelle punit seulement de quelques jours de
« prison ou d'une légère amende, étaient passibles
« alors, des galères pendant cinq ans; le minimum
« de la peine était de trois ans (3). »

Comment donc, dans des conditions pareilles, aurait-il été possible à Vincent de Paul, de libérer un forçat par lui même, et de sa propre autorité ?

D'ailleurs, à cette époque, les galériens étaient comme de nos jours, accouplés deux par deux.

(1) Correspondance administrative sous Louis XIV.
(2) Correspondance administrative sous Louis XIV.
(3) Auguste Laforêt. *Ut suprà*.

Une évasion avait-elle lieu, on coupait au condamné repris, le nez et les oreilles; le garde *coupable de connivence était pendu* (1).

L'administration supérieure de notre arsenal appartenait à un haut fonctionnaire de la marine, qui avait le titre d'intendant. On conçoit combien était irréalisable la substitution dont certains biographes de Vincent de Paul ont si légèrement et si obstinément parlé.

Si le fait diversement raconté par Abelli et par Collet, avait quelque vraisemblance, on n'eût pas manqué d'invoquer le témoignage des comites des galères ou des officiers qui auraient prêté les mains au projet de Vincent. Mais de ceux-là, — remarquons-le, — les deux historiens ecclésiastiques ne disent mot, et pour cause.

Il importe de noter, cependant, que tout en empruntant le fond de l'anecdote à Abelli, le lazariste Collet, semble saisi d'un certain scrupule :

« La bonne foy — dit-il, — m'engage à avertir que cette circonstance n'est appuyée que sur le témoignage *d'un seul homme* » (page 102).

Et plus loin, (page 103), le même auteur, après s'être livré à quelques réflexions tendant à démontrer la possibilité du fait attribué à Vincent de Paul, ajoute formellement :

« Je prie le lecteur de me pardonner cette digression : elle lui fera du moins sentir QUE JE NE DONNERAI JAMAIS COMME ABSOLUMENT CERTAIN, *ce qui me paraîtra souffrir de la difficulté.* »

Tout cela n'empêche pas M. l'abbé Bayle d'invoquer l'autorité d'Abelli et de Collet en faveur d'un trait que ces biographes n'osent garantir. Les

(1) Laforêt. Idem.

paroles de M. l'abbé Maynard lui-même, avouant que parmi *ces témoignages il n'en est pas d'oculaires*, ne suffisent point pour éclairer le collaborateur de *la Revue*, ni pour lui inspirer une réserve, dont plusieurs historiens avaient pourtant donné l'exemple.

Dominique Acami, prêtre de la congrégation de l'oratoire de Rome, qui a écrit en italien une Vie de Saint-Vincent d'après Abelli, (1) a dédaigné de reproduire cette fable, (voir le chapitre intitulé : *De la Charité de Vincent envers le prochain, p.* 212), bien que son ouvrage soit dédié au pape Innocent XI.

— *L'abrégé de la Vie et des Vertus du Bienheureux Vincent de Paul, instituteur de la congrégation de la Mission, et des filles de la Charité.* (2) ne fait aucune mention de l'épisode relatif au forçat.

— Mgr de Boulogne, évêque de Troyes, dans son panégyrique de Saint-Vincent de Paul, s'exprime ainsi :

« Nous ne dirons point ici que Vincent ait porté les chaînes d'un forçat qu'il voulait rendre à sa famille. Pourquoi des faits douteux dans un discours où l'orateur succombe sous le poids des merveilles authentiques, et où pour être éloquent il n'a besoin que d'être vrai ? (3) »

(1) *Vita del ven. servo di Dio Vincenzo de Paoli, Fondatore e primo superior generale della congregazione della Missione.* Raccolta da quella che già scrisse in lingua Francese Monsignor Ludovico Abelly, vescovo di Rodez. In Roma, nella stamperia di Francesco Tizzoni. MDCLXXVII. (vol. in-4°)

(2) Paris, M.DCC.XXIX. Chez Barrois, quai des Augustins, à la ville de Nevers. Un vol. in-8°.

(3) Ce discours de l'éminent prélat fut prononcé, non pas

Et dans une note du panégyrique imprimé, le doute va jusqu'à la dénégation : « le fait que l'abbé Maury s'est plu tant à faire valoir dans son panégyrique de Saint-Vincent de Paul, non seulement est plus qu'invraisemblable, *il est* MORALEMENT IMPOSSIBLE, et, dans la supposition même que le saint prêtre eût voulu pousser à ce point une humanité exagérée, IL N'EN AURAIT PAS ÉTÉ LE MAITRE, *tout aumônier général des galères qu'il était*....

— Capefigue (B.) auteur d'une *vie de Saint-Vincent de Paul* (1), a placé au bas de la page 18, cette note précieuse à recueillir :

« On a rapporté, sans en avoir de preuves, une action bienfaisante de Saint-Vincent à l'égard d'un forçat dont il prit les chaînes. Comme l'histoire que je trace est fondée *sur des monuments incontestables*, j'ai relégué dans les conjectures et les bruits populaires cette action qui n'est pas bien prouvée. »

Enfin pour montrer jusqu'à quel point existe la confusion sur ce fait apocryphe, je dois dire que certains auteurs font passer à Toulon ce que d'autres prétendent avoir eu lieu à Marseille.

Il n'est pas jusqu'à M. Henri Martin qui, dans sa remarquable *Histoire de France*, (T. XII, p. 64) ne commette à ce sujet une singulière méprise, en faisant remonter à l'époque de *la jeunesse* de Vincent, l'action de dévoûement rapportée par Abelli. Or, Vincent de Paul étant né comme on

en l'année 1800, comme l'avancent M. l'abbé Bayle et M. l'abbé Maynard, mais en 1803. (V. la *Biographie Universelle*, de Michaud, nouvelle édition. Paris, 1854. C. Desplaces.)

(1) Un vol. in-8° Paris, 1827, à la société catholique des bons livres, rue du Pot-de-fer.

sait, en 1576, et, se trouvant, pour la deuxième fois à Marseille en 1622, avait conséquemment 46 ans. Quelle limite sépare donc la jeunesse de l'âge mûr, selon M. Henri Martin ?

Cet historien constate, néanmoins, il faut le reconnaître, que le fait de la délivrance du forçat est *révoqué en doute.*

Au milieu de toutes ces contradictions, ces incertitudes, ces réticences, auxquelles on ne saurait se laisser prendre plus longtemps, une chose me frappe ; c'est qu'Antoine de Ruffi, l'annaliste spécial de notre ville, qui a été contemporain de Vincent-de-Paul, et qui écrivait en 1640, garde le plus profond silence sur un trait qui, s'il était vrai, n'aurait pas manqué de produire une certaine sensation à Marseille.

Antoine de Ruffi qui a recueilli tant de précieux documens relatifs à l'histoire locale; qui a laissé, entre autres ouvrages importans, une *Histoire des Généraux des Galères* ; qui a si bien fait connaître le nombre exact des Turcs convertis au christianisme, à bord des galères, par les soins des prêtres missionnaires de Vincent-de-Paul (1), ne dit pas un mot des voyages qu'effectua à Marseille, le vénérable fondateur de cette Congrégation. Le second voyage de 1622, n'eût-il offert d'autre particularité que cette captivité volontaire, méritait pourtant d'être rapporté.

Ruffi, dont les ouvrages accusent une piété sincère, n'aurait pas manqué de consigner quelque part un pareil trait de charité. Or, le silence d'un écrivain aussi érudit, aussi consciencieux, est en-

---

(1) *Histoire de Marseille.* T. II. liv. X., page 79.

core une preuve de l'invraisemblance de l'anecdote à laquelle M. l'abbé Bayle, plus que tout autre, voudrait faire croire.

IV

Malgré les développements dans lesquels j'ai dû entrer, mon travail serait incomplet si je ne consacrais exclusivement ce dernier chapitre à réfuter M. l'abbé Maynard, comme je viens de réfuter ses devanciers, en ce qui concerne la captivité volontaire de Vincent-de-Paul à Marseille. La chose me paraît d'autant plus urgente, qu'en essayant de justifier, à cet égard, les assertions d'Abelli et de Collet, M. le chanoine honoraire de Poitiers, comm-et luimême de singulières méprises, et tire de certains documents des déductions tout-à-fait inexactes.

D'abord, le récit de M. l'abbé Maynard, par rapport aux versions d'Abelli et de Collet, offre quelques variantes qui méritent d'être signalées. Ecoutez l'auteur de *saint Vincent-de-Paul, sa vie, son temps, ses œuvres, son influence* (1). Ecoutez-le, et ne vous laissez pas trop émouvoir par son style.

« Un jour que, dans ses courses de charité, il passait (Vincent-de-Paul), sur le bord de la mer, il vit une vieille femme tout en larmes. L'ayant interrogée sur la cause de sa douleur, il apprit qu'elle pleurait un fils, plus malheureux que cou-

(1) Tome 1ᵉʳ, page 194-195.

pable, qu'on venait de conduire au moment même sur une galère du port. Il s'y transporte aussitôt, et à la vue d'un jeune forçat anéanti dans le désespoir au milieu de ses compagnons livrés à des transports infernaux, il n'a pas de peine à reconnaître le fils de la pauvre veuve. Il s'approche, l'interroge à son tour, et cherche à le consoler. Vains efforts ! le jeune forçat pleurait non-seulement sa vieille mère, mais une jeune femme et de petits enfants que son absence allait réduire à toutes les extrémités de la misère. Attendri, Vincent se baisse pour pleurer sur les fers de ce malheureux ; puis, lève les yeux au ciel pour y chercher un conseil. Ni au ciel, ni dans son cœur si fécond pourtant en expédients charitables, il ne trouve d'abord un remède proportionné à une si grande infortune. Mais, bientôt, frappé d'une illumination soudaine et mû par un transport sublime, il s'écrie lui aussi : « J'ai trouvé ! » plus heureux mille fois qu'Archimède. Il vient d'apercevoir l'officier du bord qui a été témoin de toute cette scène, et il a surpris chez lui un attendrissement qui promet une infraction à la loi impitoyable du devoir. Il s'adresse à lui et le conjure de trouver bon qu'il prenne la place du pauvre forçat. L'officier n'aura-t-il pas toujours son compte ? et si la fraude pieuse est découverte, qui osera donc le condamner ? L'officier ne répond que par ses larmes, et, sans attendre un consentement plus explicite, Vincent se précipite sur les fers du forçat, les détache, les baise, se les passe lui-même au pied, et renvoie en toute hâte le jeune homme à sa famille. »

Telle est l'anecdote merveilleuse, racontée par

M. l'abbé Maynard, chanoine honoraire de Poitiers, en l'an de grâce mil huit cent soixante-un, dans un ouvrage qui, selon l'expression passablement présomptueuse de l'auteur, est *un monument définitif à l'honneur de saint Vincent-de-Paul* (1).

Le lecteur conviendra qu'ici, le *moëlleux* Abelli et le *savant* Collet se trouvent dépassés de beaucoup.

Aucun d'eux n'avait parlé de cette *vieille femme pleurant, au bord de la mer, son fils que l'on venait de conduire sur une des galères du port, au moment même* où Vincent-de-Paul se promenait par là (*incognito* toujours).

L'évêque de Rhodez et le lazariste Collet ne nous avaient point dit non plus, que le pieux aumônier-général reconnut *sans peine*, à première vue, le fils de la bonne femme. Ce jeune homme, *anéanti* DANS *le désespoir, au milieu de ses compagnons livrés à des transports infernaux*, devait être certainement le forçat *plus malheureux que coupable*, désigné à sa charité.

Collet avait employé ici, comme on l'a vu, la forme dubitative: PEUT-ÊTRE *plus malheureux que coupable*; M. l'abbé Maynard, adopte hardiment une phrase positive. L'adverbe *peut-être*, gênait M. le chanoine de Poitiers, il l'a supprimé sans façon d'un trait de plume.

Je ne fais pas grand fonds sur la foi d'*un peut-être* (2),

s'est-il dit, et l'anecdote, suivant lui, devait acquérir, dès lors, plus de vraisemblance. Nous verrons bien.

(1) T. 1ᵉʳ; page 15 de la *préface*.
(2) Quinault. *La Mère coquette*, acte III, scène 3ᵐᵉ.

Attendri par les larmes du galérien condamné injustement, Vincent *cherche* un moyen de le tirer d'embarras; ce moyen, je l'ai dit, était facile à trouver, beaucoup plus facile que celui auquel s'exerçait l'esprit calculateur d'Archimède (je ne vois pas trop quelle analogie trouve M. l'abbé Maynard entre ce mathématicien de l'antiquité, et Vincent-de-Paul), puisque le vénérable missionnaire pouvait, par son influence, par son crédit à la cour, faire rendre à la liberté cet homme, s'il était véritablement innocent.

D'ailleurs, il existait, à cette époque, dans l'arsenal de Marseille, un usage que Vincent ne devait pas ignorer et qui lui permettait de faire tomber régulièrement les fers du jeune forçat, *alors même que celui-ci eût été coupable.* Cet usage consistait à acheter un Turc (1) et à le mettre à la place du condamné. Le prix d'un Turc variait de 300 à 400 livres, et comme ces hommes étaient d'excellents rameurs, l'administration se prêtait volontiers à de semblables marchés (2).

Mais, lorsqu'un fait repose sur une donnée fausse, mille inconséquences doivent nécessairement en découler; aussi, allons-nous les voir se succéder sous la plume de M. l'abbé Maynard.

Un *officier du bord*, — d'après cet ecclésiastique, — consent à la substitution proposée par Vincent-de-Paul et *verse des larmes*.

(1) On désignait sous la dénomination générale de *Turcs*, les musulmans faits prisonniers ou achetés dans les îles de l'Archipel, et aussi les nègres que fournissait la Compagnie du Sénégal.

(2) V. *Etude sur la Marine des Galères* par M. Auguste Laforêt.

Remarquons que l'équipage d'une galère se composait du capitaine, du lieutenant, du sous-lieutenant et de l'enseigne. Or, la chiourme était, pour ainsi dire, la chose du capitaine. Aucun forçat ne pouvait être déplacé sans son consentement, et si ce capitaine venait à changer de commandement, la chiourme le suivait d'une galère à l'autre (1). Comment un simple officier aurait-il toléré un fait aussi grave, et que la loi, — je le répète, — punissait du gibet ? Comment une pareille substitution pouvait-elle s'accomplir en présence de 250 condamnés qui se trouvaient à bord de chaque galère (2) et sur la discrétion desquels, je pense, on n'espérait pas compter ?

Quant *aux larmes de l'officier* en question, elles auraient bien surpris le personnel de la chiourme, en ce moment *livré à des transports infernaux*, si elles étaient vraies! On n'a pas le cœur si tendre au milieu de pareilles gens.

Tout-à-coup, Vincent,—dit M. l'abbé Maynard, — *se précipite sur les fers du forçat, les* DÉTACHE, *les baise, se les passe lui-même au pied*, et... le tour est fait. Voilà, ma foi ! beaucoup de besogne accomplie en très-peu de temps.

M. le chanoine de Poitiers paraît avoir une médiocre idée des chaînes qui liaient, à cette époque, les galériens, pour dire que Vincent-de-Paul *les détacha* instantanément. Il convient d'éclairer M. l'abbé Maynard sur ce point essentiel.

On lit dans une pièce de vers provençaux imprimée en 1666, dans le recueil de F. Bègue, et

---

(1) Auguste Laforêt. *Ut Suprà* (page 119).
(2) Idem (page 50).

intitulée : *La souffranço et la miseri deis fourças qué sount en galéro :*

> Yeou vous diraï, premieramen,
> Que sian perpetuelamen
> Din lou tourmen ou din la peno :
> Sian estaca d'uno cadeno
> Que per lou men *pezo un quintaou*.... (1).

Des fers qui pèsent environ 50 kilogrammes, ne se détachent pas comme une jarretière.

Malgré certains effets de style, le récit de M. l'abbé Maynard, on le voit, n'est ni plus heureux, ni plus acceptable que ceux d'Abelli et de Collet. Malgré l'adresse et l'habileté des narrateurs, tout, dans ce fait, concourt à inspirer l'incrédulité. Plus on s'efforce de le montrer comme réel, plus on arrive à le faire trouver impossible, même avec le secours de M. l'abbé Bayle.

Continuons.

Un des principaux arguments de M. l'abbé Maynard en faveur de l'action charitable attribuée à Vincent de Paul, paraît être le procès de canonisation du saint confesseur. Voyons comment la captivité volontaire du serviteur de Dieu est rapportée dans ce procès, imprimé à Rome en 1737 et qui remplit quatre volumes in-folio.

« On trouve, au tome second, — dit l'abbé Maynard (2), — un mémoire ainsi intitulé : *Memoriale cum restrictu probationum, actus heroicæ virtutis, qui servus Dei Vincentius de Paulis, motus se supposuit in locum damnati ad triremes, ut ipsum liberaret.* Or, dans cet abrégé des preu-

---

(1) Ces vers ont été cités par M. Auguste Laforêt, dans son intéressant ouvrage (page 61).

(2) Tom. 1, pag. 197.

ves, tirées des divers procès particuliers faits par l'autorité de l'ordinaire ou par l'autorité apostolique, on lit des *témoignages incontestables.* »

J'arrête ici M. le chanoine de Poitiers pour poser tout de suite cette question :

Comment se peut-il qu'Abelli, contemporain, ami et collaborateur de Vincent de Paul, n'ayant pu produire aucune preuve certaine de la délivrance du forçat, à Marseille, le procès de canonisation contienne des *témoignages incontestables*? En d'autres termes, comment un fait qui n'a pu être affirmé par personne en 1622, le serait-il en 1737 ?

Quoi ! l'évêque de Rhodez publie, en 1664, la première *Vie de saint Vincent* ; le lazariste Collet en fait paraître une seconde en 1748 ; ces deux biographes sont dans l'impossibilité de garantir, alors, l'anecdote dont Vincent aurait été le héros ; ils la racontent d'une manière vague et indécise, et l'on vient dire qu'en 1737, la congrégation des rites se trouvait en mesure d'invoquer, à propos de cette anecdote, des *témoignages incontestables* ! Une pareille hypothèse est tellement inadmissible que, tout en signalant ces prétendus témoignages à la page 197 de son ouvrage, M. l'abbé Maynard convient lui-même, à la page suivante, que parmi ces témoignages, *il n'en est pas d'oculaires.*

Les cinq prêtres ou religieux dont les noms figurent dans les pièces du procès, parlent, en effet, de l'action héroïque accomplie par Vincent de Paul ; mais ils en parlent d'une manière ambiguë, évasive ; ils répètent machinalement le fait sur ouï-dire, mais sans désigner un témoin sérieux, sans produire une preuve irrécusable. *Il est venu aux oreilles de diverses personnes....* Abelli, le contemporain et l'ami de Vincent, son premier biographe, avait déjà employé cette banale formule.

« Quand on *prouva* à Prosper Lambertini, — ajoute l'abbé Maynard, — que Vincent avait porté les chaînes d'un forçat pour le rendre à sa famille désolée : « Il n'est plus besoin de miracles, s'écria le futur Benoît XIV ; *erigantur altaria !* » Et le pape Clément XII, dans la bulle de canonisation du 16 juin 1737, ne craignit pas d'écrire : « On raconte que Vincent de Paul, à l'exemple de saint Raymond *Nonné*, se dévoua à la chaîne ; qu'ayant vu l'un de ses compagnons d'esclavage misérablement accablé sous le poids pesant de ses fers, et n'ayant rien à donner pour soulager les angoisses de ce malheureux, il se livra lui-même aux liens de la servitude, pour le racheter de la captivité, aux dépens de son propre corps. »

M. le chanoine de Poitiers me permettra de lui faire observer que voilà un singulier raisonnement ! On prouve, dit-il, à Prosper Lambertini le trait de charité attribué à Vincent de Paul, et le pape Clément XII, au lieu de s'en rapporter à ces *preuves*, emploie dans sa bulle cette phrase dubitative : ON RACONTE. (*Narrant* dit le texte avec une sage circonspection.) C'est, qu'apparemment, les preuves fournies au souverain pontife n'étaient pa du tout satisfaisantes, et M. l'abbé Maynard le sent bien lorsqu'il ajoute :

« Pour tout homme raisonnable, ce passage de la bulle pontificale, *quoiqu'il ne soit pas absolument affirmatif*, *est une sanction suffisante de la vérité des témoignages plus haut allégués.* »

M. le chanoine honoraire de Poitiers, tout disposé à s'accommoder de cette *sanction* qu'il trouve *suffisante*, va plus loin encore.

« On s'étonne seulement, — dit-il, — que ce passage de la bulle ne soit pas *en plus complet accord avec ces témoignages mêmes*. A le prendre à la lettre, Vincent aurait délivré un des compagnons de sa propre captivité, ce qui ramènerait ce dévoûment à l'époque où il était esclave en Barbarie. Or, constamment esclave lui-même pendant les trois années qu'il passa à Tunis, il n'a jamais pu aliéner sa liberté en faveur d'autrui. (1) »

Ainsi, ou je comprends mal les paroles de M. l'abbé Maynard, ou le pape Clément XII aurait dû préciser un fait et des circonstances que nul n'était en mesure d'attester ; il aurait dû, de son autorité propre, et sous sa garantie, assurer ce que personne n'avait pu affirmer. *È sempre bene.*

Quant au cardinal Lambertini, archevêque de Bologne, je ne sais s'il a réellement prononcé les mots : *erigantur altaria* ; dans tous les cas, il est permis de croire qu'une telle exclamation ne s'appliquait point à la délivrance du galérien de Marseille. Le nombre des bonnes actions accomplies par Vincent de Paul l'expliquent et la justifient bien mieux qu'un trait improuvé.

Le futur Benoît XIV, ne l'oublions point, n'ouvrait son cœur qu'à la vérité. « Je n'attends pas qu'elle vienne, — disait-il, — je vais la chercher, d'autant mieux qu'elle est d'un rang à ne devoir jamais faire antichambre. »

(1) *Saint Vincent de Paul, sa vie, son temps, ses œuvres, son influence.* Tom. 1, pag. 199.

Au surplus, si le pape ne s'est point montré convaincu de la captivité volontaire du saint, malgré les soi-disant *preuves* mises sous ses yeux, il est naturel de penser que le cardinal, évêque de Bologne, ne l'a pas été davantage.

M. le chanoine de Poitiers semble peiné de ce que la bulle de canonisation, à la *prendre à la lettre*, place en Barbarie le théâtre du dévoûment de Vincent de Paul. Comment Clément XII a-t-il pu confondre ainsi le lieu d'une action assez contestable et assez contestée déjà ? Ce ne sont ni M. l'abbé Maynard ni M. l'abbé Bayle que l'on verrait commettre une pareille méprise. Un pontife peut se tromper, même après avoir eu sous les yeux un procès en quatre volumes in-f° ; mais M. le chanoine de Poitiers et le collaborateur de la *Revue de Marseille* ont beaucoup plus de perspicacité. Ecoutons encore M. l'abbé Maynard, lui qui prétend avoir élevé un *monument définitif à l'honneur de saint Vincent de Paul* :

« On voit, — dit-il, — que si le fait est incontestable en lui-même, il n'en est pas ainsi du temps et des circonstances. De *toutes les dépositions* consignées au procès de canonisation, comme de *tous les autres témoignages*, il résulte *seulement* que cet acte héroïque de charité eut pour théâtre les *Galères de Marseille*. »

Mais, alors, je le demande, comment Clément XII a-t-il pu ne pas tenir compte de cet important détail ? Et pourquoi a-t-il positivement donné à entendre que le fait a eu lieu en Barbarie, où notre saint demeura dans l'esclavage ? Il fallait que les *preuves* invoquées à cet égard, je le répète, offrissent bien peu d'authenticité.

Tout en ajoutant foi aux récits d'Abelli et de Collet, et nonobstant les contradictions que je viens de relever dans son ouvrage, M. l'abbé Maynard paraît en proie à une certaine préoccupation. Ce ne sont plus seulement le lieu et les circonstances qui lui paraissent contestables ; la date de l'action attribuée à Vincent met encore en souci l'auteur du livre dont il s'agit. Oui, ce prétendu fait de charité sublime, en quelle année s'est-il accompli? Telle est la question que se pose à lui-même M. le chanoine de Poitiers et qu'il ne désespère pas de résoudre.

Je cite textuellement ses paroles :

« En quelle année ? — Abelli dit : *longtemps avant l'institution* de sa congrégation, (livre III, page 114,) laquelle ayant eu lieu en 1625, il nous faudrait rétrograder quelques années en deçà de l'année 1622, où il fit son voyage à Marseille, comme aumônier général des galères. Et, en effet, le *Memoriale* du procès-verbal de canonisation dit, dans son préambule, que les plaies de ses jambes, attribuées à sa captivité volontaire, l'affligèrent pendant quarante-cinq ans, ce qui nous reporte à l'an 1615, puisqu'il mourut en 1660. C'est aussi sous l'année 1615 que le fait est relaté dans un opuscule intitulé : *Ristretto cronologico della vita, virtù e miracoli di San Vincenzo de Paoli*, opuscule imprimé à Rome en 1729, pour être distribué au milieu de la cérémonie de la béatification, et dédié à Benoît XIII. La même date a été adoptée dans un autre abrégé chronologique de la vie du saint, par M. De La Tour, imprimé à Turin, en 1738.

« Malgré tous ces témoignages, — ajoute M.

l'abbé Maynard, — et, bien qu'il soit absolument possible que Vincent ait accompagné le général des galères à Marseille en 1615, époque de son premier séjour dans la maison de Gondi, et qu'il se soit porté alors à cet acte de charité sublime, il paraît mieux d'en faire descendre la date à l'année 1622. qui coïncide à la fois avec son œuvre des galères et sa visite à Marseille. (1) »

Ainsi, tout en se montrant disposé à croire au trait de dévoûment attribué à Vincent de Paul, — et cela, malgré le défaut de preuves que j'ai constaté dans cette étude, — on ajoute à cette absence de preuves et de témoignages, qui frappa Grégoire XII lui-même, l'incertitude de la date. Les personnes *dignes de foi*, qui avaient raconté, propagé l'anecdote, ont omis apparemment d'en indiquer l'époque. Il faut convenir que c'est jouer de malheur et qu'une pareille négligence de leur part, après tous les motifs d'impossibilité que j'ai indiqués, est bien faite pour confondre à jamais les propagateurs de cette fable, s'il pouvait en exister encore.

Quant à la date de 1615, à laquelle M. le chanoine de Poitiers fixe l'arrivée à Marseille de Philippe de Gondi, en qualité de général des galères, cet écrivain se trompe de quinze ans, car Ruffi, l'historien de notre ville, dit à propos de ce personnage :

« Philippe-Emmanuel de Gondi, seigneur de Dampierre, et qui fut depuis comte de Joigni, Marquis des Isles d'or et chevalier des Ordres, succéda à Charles de Gondi son frère (2).

(1) Tome 1, page 199—200.
(2) Décédé en 1596.

« Ce jeune seigneur vint à Marseille le 27 de juin de l'an 1600, avec ordre de faire bâtir six galères, et par ce moïen d'augmenter ce corps qui était fort petit, car il était réduit à trois ou quatre seulement : ensuite il fit quelques voïages sur mer, dont le plus mémorable fut celui qu'il fut obligé de faire en l'an 1621. (1) »

Cependant, M. l'abbé Maynard, en dépit des incertitudes avec lesquelles on l'a vu aux prises, ne perd point confiance ; il lutte *unguibus et rostro*, et tente un dernier effort pour décider son lecteur à ajouter foi à un trait auquel un pontife a refusé de croire.

Voici la singulière conclusion de M. le chanoine de Poitiers : (p. 200.)

Quoi qu'il en soit, le fait en lui-même, répétons-le, échappe aux atteintes de toute critique qui ne s'est pas fait une loi du scepticisme dans la discussion des merveilles de la vie des saints. Aussi, depuis que Collet en eut établi la preuve dans sa grande vie, en 1748, qu'il l'eût raconté comme incontestable dans l'abrégé de cet ouvrage, et célébré dans son panégyrique de Saint-Vincent-de-Paul, nul ne songea à le mettre en doute. »

Il faut avoir en vérité une forte dose d'optimisme pour soutenir une pareille thèse, et, surtout pour espérer que l'on va rallier à son opinion les esprits sérieux. Je crois avoir suffisamment établi que Collet ni Abelli, pas plus que M. l'abbé Maynard, n'ont produit *aucune preuve* du trait attribué à Vincent de Paul ; j'ai à ce sujet, cité textuellement

---

(1) *Histoire de Marseille.* T. II. Liv. XIV, page 356.
En 1621, Gondi alla prendre part avec dix galères au fameux siége de la Rochelle, où il se couvrit de gloire.

les paroles de ces biographes, et je ne pouvais mieux faire. J'ai signalé le silence gardé par Ruffi, l'historien austère de notre ville, sur une action qui n'eût pas manqué de mettre Marseille en émoi, ou tout au moins d'être attestée par des *témoins oculaires*, ces témoins dont M. l'abbé Maynard constate l'absence. J'ai fait observer que le pape Grégoire XII, dans sa bulle de canonisation du 16 juin 1737, emploie à propos de cette action une vague formule, (*narrant*, on raconte,) au lieu d'une phrase affirmative. En un mot, j'ai cherché parmi les textes invoqués en faveur de l'anecdote, une parole, un seul mot qui pût lever radicalement tous les doutes à cet égard, et, non seulement je n'ai pas trouvé ce mot, mais encore, j'ai acquis la certitude que les auteurs qui ont raconté le fait, n'y ont *pas cru eux-mêmes*, et conséquemment n'ont *pu le garantir*.

M. l'abbé Maynard se trompe en disant que *nul ne songea à mettre en doute* le trait de charité imputé à Vincent-de-Paul. J'ai déjà montré, et M. l'abbé le dit lui-même, que M. de Boulogne, évêque de Troyes, *le premier*, osa jeter un doute sur ce dévouement héroïque. J'ai eu l'occasion de reproduire les paroles de l'éminent prélat, qui justifiait son incrédulité au moyen de la bulle de canonisation de Grégoire XII, dont le texte est à la fois si précis et si clair.

M. de Boulogne, d'ailleurs, n'était pas *le premier* à rejeter la captivité volontaire du vénérable *serviteur de Dieu*; Abelli et Collet ont d'abord fourni matière à l'incrédulité. Qu'on relise leur récit, et l'on verra s'ils n'ont pas été eux-mêmes les premiers à éveiller la méfiance dans l'esprit du public. L'évêque de Troyes ne pouvait pas se montrer plus crédule que ne l'avaient été la congrégation des Rites et Grégoire XII. Malgré ses efforts, M. l'abbé Maynard ne parviendra pas à faire admettre par les hommes sensés, une anecdote purement fantastique, digne de figurer dans un roman ou dans une pièce de théâtre (1).

En déclarant qu'il n'admettait point le trait dont on fesait obstinément un mérite à Vincent-de-Paul, M. de Boulogne, on l'a sans doute remarqué, avait qualifié ce trait *d'exagération d'humanité*; or, une telle expression déplaît à M. l'abbé Maynard, qui la trouve *au moins singulière dans la bouche d'un évêque.*

Je ferai observer en passant, à cet écrivain, que depuis l'époque à laquelle M. de Boulogne signalait cette *exagération*, nos oreilles ont entendu de la bouche de certains prélats, des paroles bien autrement *singulières*. La réflexion de M. l'abbé Maynard me paraît d'autant plus malencontreuse en cette circonstance, qu'elle émane

(1) La chose a eu lieu. J'ai sous la main une brochure intitulée : *Vincent-de-Paule, ou l'illustre galérien*, mélodrame historique en trois actes, en prose et à spectacle, par Henri Le Maire, musique de M. Leblanc, ballet de M. Hullin, représenté pour la première fois à Paris, sur le théâtre de la Gaîté, le 7 octobre 1815. Paris, chez Barba, libraire, Palais-Royal, derrière le Théâtre-Français, n° 51. 1815. L'auteur a soin d'indiquer, dans une note, que *la scène se passe à Marseille, vers l'an 1619, époque à laquelle Vincent-de-Paul fut nommé aumônier général des galères.*

Triste conséquence d'un fait exagéré! Vincent-de-Paul est mis en mélodrame, et se trouve mêlé à une intrigue d'amour! Voilà ce qu'ont fait de ce vénérable bienfaiteur de l'humanité, les écrivains obstinés à propager un récit mensonger! Que saint Vincent leur pardonne!

d'un ecclésiastique attaché au diocèse de Poitiers, diocèse qui, dans ces derniers temps, et à propos des affaires d'Italie, s'est passablement distingué sous le rapport de l'*exagération*.

Quoique puisse dire M. l'abbé Maynard, les hommes intelligents, sérieux et impartiaux repousseront, comme l'avaient déjà repoussé d'éminents esprits, un fait dépourvu de toute vraisemblance, de tout témoignage, de toute preuve ; un fait que mille circonstances rendaient irréalisable ; et en les voyant rejeter cette anecdote trop facilement acceptée par quelques-uns, on ne saurait raisonnablement les taxer de *se faire une loi du scepticisme*. Quelque disposé que l'on soit à croire *aux merveilles de la vie des saints*, la raison se refuse à admettre ce qui est inadmissible ; il est impossible d'ajouter foi à un trait que les textes invoqués non seulement ne confirment point, mais qu'ils démentent de la manière la plus formelle.

Il ne s'agit pas ici d'un article de foi devant lequel un chrétien est tenu de s'incliner, sans examen et sans contrôle. Il s'agit d'une question historique à laquelle se rattachent des noms propres, des dates précises, une localité parfaitement désignée ; toutes choses faciles à vérifier. Quant aux bibliophiles, aux archéologues, c'est de leur part un droit et un devoir d'appeler la lumière sur un fait demeuré obscur et contesté.

Je crois avoir rempli consciencieusement ma tâche, en ce qui concerne l'action faussement attribuée à Vincent-de-Paul, et si j'ai dû contredire M. l'abbé Maynard, chanoine de Poitiers, ainsi que M. l'abbé Bayle, aumônier du Lycée de Marseille, il me sera du moins permis de me consoler en compagnie de M. De Boulogne, Évêque de Troyes, et du Pape Grégoire XII !

Le nom de Vincent-de-Paul est le plus populaire et le plus béni des noms. Philosophes ou croyants, catholiques ou sectaires, riches ou pauvres, grands ou petits, rois ou peuples, tous le prononcent avec amour. C'est qu'il est une sublime expression de la charité. Vincent-de-Paul a été la personnification des vertus de dévoûment et de sacrifice, telles que les peut apprécier l'universalité des hommes. De là un enthousiasme général pour ce nom de saint. On voit en lui une victime de l'humanité ; chaque douleur de l'âme, chaque souffrance du corps, chaque misère de la vie a trouvé dans ses œuvres, dans ses exemples, dans ses paroles, une consolation ou une espérance. On dirait un envoyé du ciel pour recevoir les larmes des hommes et pour bénir les infortunes.

Ce sont précisément toutes ces considérations qui m'ont poussé à combattre une erreur longtemps répandue, et qui me semblait devoir altérer la gloire si pure du *serviteur de Dieu !* Vincent-de-Paul était trop ami de la vérité pour qu'il continuât ainsi à paraître le héros d'une anecdote mensongère.

FIN.

Marseille. — Typ. et Lith. ARNAUD et Comp., Cannebière, 10.

www.ingramcontent.com/pod-product-compliance
Lightning Source LLC
Chambersburg PA
CBHW070658050426
42451CB00008B/407